Arthur Fetzer (Hg.)

Wienerisch – Deutsch

Schmutzige Wörter
Illustrationen von Nerling

Eichborn.

Die Deutsche Bibiothek – CIP-Einheitsaufnahme

Fetzer, Arthur:
Wienerisch-Deutsch, schmutzige Wörter / Arthur Fetzer (Hg.).
– Frankfurt am Main : Eichborn, 1993
ISBN 3-8218-2356-9
NE: HST

Umschlaggestaltung unter Verwendung einer Zeichnung von Nerling
Gesamtproduktion: Fuldaer Verlagsanstalt GmbH, 36037 Fulda

ISBN 3-8218-2356-9

Verlagsverzeichnis schickt gern:
Eichborn Verlag, Kaiserstraße 66, D-60329 Frankfurt am Main

Zum richtigen Gebrauch

Was hat es eigentlich mit dem berühmten Wiener »Schmäh« auf sich? Das wird sich der Rest der Welt nicht zuletzt deshalb fragen, weil er seinen inneren Sauigel dopen, mit neuen Hämmern in der Kneipe auftrumpfen und die täglichen Verbalattacken siegreich beenden will.

Dazu kann er selbstverständlich zum Heurigen reisen, den »Trangl« gleich wieder ausspucken und »Alles Negaranten!« brüllen. Das Echo wird indessen nur ein Bruchteil der unflätigen Flut sein, die er in diesem Büchlein findet, bequem, preiswert und ohne jedes Risiko körperlicher Versehrung. Beziehungsweise auf gut Wienerisch, ohne daß er »blunziert« wird.

Ja, er (und auch sie) wird auf Ausdrücke stoßen, die der gewöhnliche Schmähredner »ums okrozzn«

nicht zugeben würde: echte Mozartkugeln aus dem Enddarm der Wiener Seele. Ihr öffentlicher Gebrauch hätte für den Einheimischen (»Lieber an Freund verliern, als an guten Schmäh auslassen«) allerdings keinerlei Folgen; im Gegensatz zum Fremden, der etwa einer »Heislkozz« mit den Worten den Hof macht, er würde gern bei ihr den »Fohra mochn« – »ausdruckt wira Wimmal« würde er, auf der Stelle!

Derartige Sauwörter sind daher besonders gekennzeichnet: schlimme mit ☠, tödliche mit ☠☠.

Wen es trotz dieser Warnungen zum Prater zieht, wird in »Schmutzige Wörter Wienerisch – Deutsch« eine ebenso nützliche wie unterhaltsame Reiselektüre finden; besonders dann, wenn er die Vokabeln im Zugabteil laut lernt und dabei Hans Moser oder den Herrn Karl nachahmt.

Allerdings erhebt das Büchlein keinen Anspruch auf Vollständigkeit. Es ist also nicht auszuschließen, daß man zum Beispiel im Stephansdom mit einem übelklingenden und völlig unbekannten Wort bedacht wird. In diesem Fall überhört man es, fragt dann im Beichtstuhl nach der Bedeutung und sendet es an den Verlag. Diese Bitte geht natürlich auch an alle Wiener »Hundsbeidl« und

»Hundsdutteln« , die ihr Lieblingsschmutzwort vermissen: Immer her damit, Ihr »Sauga«!

Sagt Euch Euer »Blosa«

Arthur Fetzer

A

Aas Hinicha

Abort Heisl, Rettich

absprizten ojankan ☠, osprizzn,
ausplemban, auslaan,
einerotzen ☠

abtreiben auskrotzn ☠
»Loss di zruckpudan und
otreibn!« ☠ ☠
(Laß dich zurückficken
und abtreiben!)

Aids Heidlbärgrezzn

Alkohol Äuk, Trangl

angeben einedraan

Angeber	Einedrahra, da Hea Wichtig, Großgoschata (Goschn = Maul)
anmachen	aubrodn, auzwickn, augobln, an Hosn aubrodn (einen Hasen anbraten)
arm	nega (Neger), stier, floch, obrend, en Kit aus de Fensta fressn (sehr arm) »Dea raaft (rauft) mi ’n Rotz!« ☠ (ganz arm)
Armer	Ormutschkal
Arsch	Oasch
arschficken	aulana, schwuin

Arschficker	Oaschbudara, Oaschwezza ☠, Darm-budsa (-putzer), Spinot-stecha, Zylindavragolda (-vergolder)
arschlecken	ums oaschlekkn (=sehr knapp)
Arschlecker	Ausbuffschlekka ☠ ☠
Asozialensiedlung	Bredldurf (Bretterdorf)
aufgeblasen	aufblaad, aufblosn
aufgedunsen	aufgschwabt
aufdringlich sein	zuwekreun »Kreu me obe!« ☠ (Geh mir von der Pelle!)
Augen	Gluan

Ausländer	Tschuschn, Ungustln
ausziehen	ausschoin (-schälen)
Aussatz	Grezzn

B

Bankert Schropp ☠

Bankrotteur Negarant

Bauch Waumpn, Backhendlfriedhof

Laß dich beerdigen! »Los di eigrown!« »Spring in d' Gruabn!«

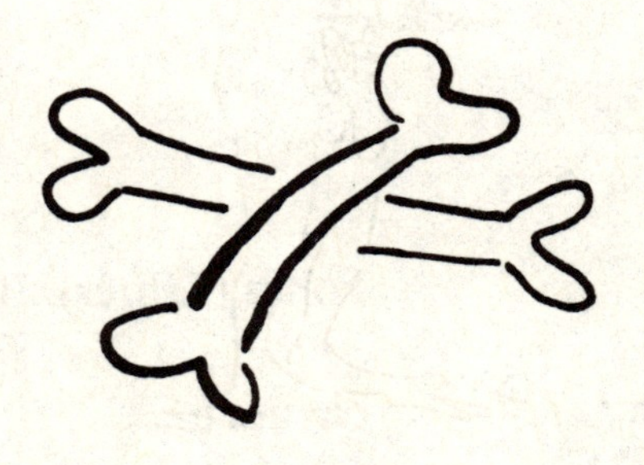

befummeln ogreifn, ausgreifn, greifn

behaart pözig (pelzig)

Beine Schtaumpfa, Haxn

Beischlaf Fohra (Fahrer), Bummal

bepinkeln obrunzn

bescheuert sein	an Wurm in da Marüln (Marille = Kopf) haum ☠ »Bis d' depat?« »Bis d' augschlogn?« (Bist du bescheuert?)
betrügen	betakeln, belemmern (sex.), beleimsen
betrunken	fett, zua, augsoffn, im Öl, in da Wön, aublosn, augflaschlt, blunzufett »Bessa heit fett, ois imma depat.«
blasen (sex.)	rauchn, schmauchln, auzapfn, zutzen, ein Achterl (= kleines Glas voll) aushebn ☠ »Nimm eam in die Owosch!« ☠ (Steck ihn in die Spüle!)

Bonze	Gschtopfta
Brett (fem.)	Hungatuam (Hungerturm) »Voan a Bredl, hint a Lottn (Latte).«
Brüste	Duttln, Gschpaßlawaln, Armatur, Buffa (Puffer), Schrotbeidl (Hängebrust), Müchbar, Zwetschkn (kl. Brüste)
Brustwarzen	Duttlzipf
Büstenhalter	Duttlhoida

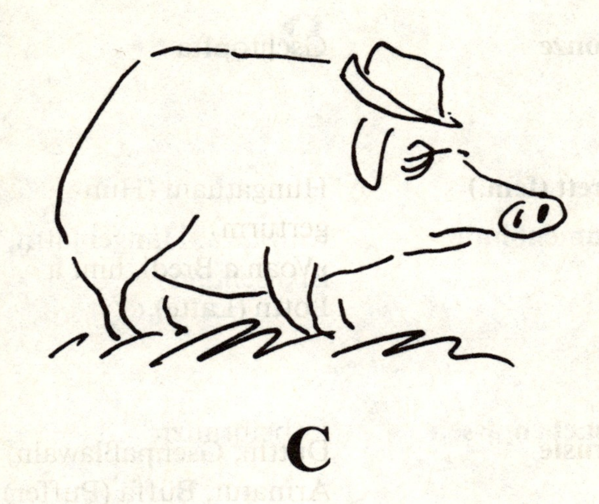

C

Carezza	eam wossan lossn (ihn wässern lassen)
Charakterschwein	Heisl, Scheisskiwe ☠ (-kübel)
clever	ausbrodn, ausgschwabt
Cunnilingus	Schlekkerei

D

Damenbinde	Krawattn, Hängemattn, Bixnschona
danebenpissen	furbeibrunzn
Dicker	Blada, Ausgfressna, Gfüda (Gefüllter) Dea hot Spiagleier! (d.h. er sieht seine Eier nur mit Hilfe eines Spiegels)
Drogenabhängiger	Giftla

dumm	depad, augschütt, autritschkat »Depad wira Binkl Fezzn!« ☠ (Bündel Fetzen)
Dummkopf	Dillo, Schoitl, Fetzn-schedl
Dünner, Dünne	Dirra, Stekn
Durchfall	Wossa (Wasser) scheissn

E

Eier (sex.)	Gogaln
Eichel	Nudlaug, Nudlkopf, Achl
Einnfaltspinsel	Pleampl
ejakulieren	siehe: abspritzen
erwürgen	okragln
Exhibitionist	Herzeiga

F

faul	owezahn
Faulenzer	Owezahra
Feigling	feige Sau ☠
ficken	wezzn, budan, drauf-foan, an Fohra (Fahrer) mochn, auschiabn, pem-pan, audauchn ☠ (antauchen), schuastan, bixn, fidln, duachbutzn ☠, de Fut bolian (polieren)

Filzläuse	Kim (Kümmel), Roabinen (Rohrbienen), Beidlrotz ☠
fingern	Balaleika zupfen
Flasche	Nullerl
Flegel	Rotzpipn
Fotze	Fut, die Feign, Kleschn, Owosch (Spüle) ☠, de Fut aufstön (aufstellen)

Fotzenlecker	Futschlekka
Frau	Futna ☠, Buschn (Matratze), Bißgurn, Schwoaßwiesn ☠, Krompn, Brunzkachl ☠ ☠, Kozz (Katze), Schaastrommel (alte Frau), Hos (Hase), Fut »A Fut und a Fliagn, de san schwea zum kriagn.«
Freßkopf	Sauschedl
frigide	eiskoid »Sie liegt in da Hapfn (Bett) wira nossa Fetzn.«
Frömmler	Keazlschlikka
Früchtchen	Bemmal

furzen	an Schaas lossn
Furz	Schaas Schaas mit Quasteln (feuchter Furz) »Dös get di an Schaas an!«

Fusel	Gschlader
Füße	Treda

G

Gauner	Fallot, Ganef
Geifer	Drenzaling
geil	gamsig, augschbizzt, feicht, aulassig, ogschmiad »Geil wira Bam voi Offn (wie ein Baum voll Affen).« (masc.) »De liegt an ganzn Dag auf da Wundn!« (fem.)
Geizhals	Nodicha, Siricha
geizig	nodich, sirich

Geld	Honig, Zwirn, Marie, Knedl, Schlei (Schilling), Kilo (Hunderter)
gerissen	ausgschwabt
Geschlechtskrank-heiten	resch wean (knusprig werden), wos aufreissn
Gestöhne (sex.)	Gejodl
Glatzkopf	Glozzada »Den woxt es Gnia (Knie) duachn Schedl.«
Gruppensex	Ziagl (Zug), Dreiazug (flotter Dreier)

H

Haare	Fedan (Federn)
Habenichts	Hungaleida, Ormutschkal
Hände	Prozzn »Prozzn wira Heisldekl«
Hämorrhoiden	Wintakiaschn (Winter-kirschen)
Haschisch	Kitt
häßlich	schiach schiach wia da Zins

Häßling Schiacha

Hau ab! »Schleich di!« »Putz di!« »Geh in Oasch!« »Hau di in Rettich!« »Du kaunst di hutschn!« »Hupf in Gatsch (Dreck) und schloag a Wön (schlag Wellen).« ☠ »Moch meta!«

hereinlegen auscheissn »Augschissn bis ibas Kreiz!«

Herrgott!	Marandjosef!
herumficken	ummadumbudan
Hilfsarbeiter	Hackla
hinterhältig	foisch (falsch), grea, hintafozzig, hintafozziga Beidl (Typ)
Hörner aufsetzen	owehaun
Hund	Hundsfut, Hundsbeidl ☠, Hundsduttl ☠ (=schlechte Menschen, nach Geschlecht geordnet)

Hure	Strichkozz (-katze), Gramml, a Baa (Bein), Giatlhua (Giatl = Zweiter Ring um Wien) »Sie geht in di Hokn (Arbeit).«
Hurenbock	Budarant, Brota (einer, der anbrät)
Hut	Hüsn, Tschako
Hymen	Jungfanheidl

I

Idiot	Dillo, Dolm
Interruptus	Bauch lackiern
Irrenanstalt	Guglhupf, Staahof (=Steinhof; dort steht der Klassiker der Irrenanstalten)

K

kaputt — hii
»Hii in da Marüln (Marille = Kopf)!«

Kasper — Kaschpal

Kind — Kegl, Frotz, Pamperletsch, Gschropp

Kinderficker — Kindafazahra ☠

klebrig — pikkat

Kleid — Fezzn

Klitoris	Jud, Feignwoadsn (-warze)
Fick dich ins Knie!	»Du kannst dara rostiges Guakal (Gurke) ins Gnia haun!«
knutschen	aukeun, obusseln
Kondom	Olla (alte österr. Erzeugerfirma), Bräsal, Fingaling

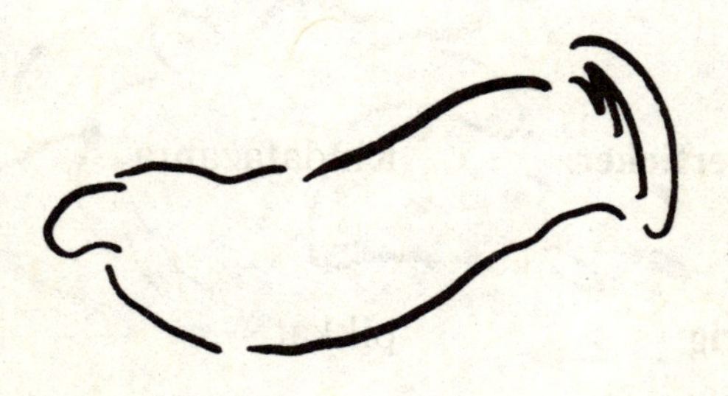

Kopf	Schedl, Zilinda, Marüln

einen Korb bekommen	an Gschdis (siehe Anm.*) kriagn, an Steckn kriagn, auglahnd lossn (angelehnt lassen)
Kotesser (sex.)	Dregfressa ☠
Kotze	Gscheibats, Brekalhustn
kotzen	speim

*Pagat beim Tarock, der in den letzten Stich gegeben wird

Krimineller	Eidiwla, Hefnbruda
Krüppel	dea is bedient
Kümmerling	Ozwikta, Krewegal
Kuß	Schmoz, Bussl
küssen	schmusn, bussln

L

lecken (sex.)	schlekkn, schliafn (schlürfen), in Gölla (Keller) gehn
Lecker	Schlekka, Zungenathlet

Lesbe	Pflaumanzutzlerin
Lotterbett	Hapfn
lügen	a Gschicht dazön (erzählen), a Gschicht einedrukn, a Gschicht einereim (-reiben)

M

Mädchen	Zechn (häßlich)
Mann	Beil, Beidl (=Schwanz)
masturbieren (fem.)	wutzln, wetzn, Fingerbod (-bad)
Maul	Goschn
Halt 's Maul!	»Goschn hoidn!« »Hoid de Goschn!« »Hoid de Pappn!«
Menstruation	Gschicht, Tante Paula, Schonzeit
menstruieren	de Gschicht haum, rot im Kalender

N

nackt	nokad, ausgschoid
Nase	Pfrnak
auf die Nerven gehn	»Du gest ma auf die Sokkn!« »Du gehst ma am Oasch!«
Niete	Nullal, Valiera
Nymphomanin	Brummfut ☠, Flugfut ☠, Nudl-friedhof

O

o-beinig	o-haxad
Ohren	Uawaschl
Ohrfeige	Tschinöön (=Tschinelle)
onanieren	wixn, aureissn, owe-reissn, schwatln ☠, schöön (schälen), owe-guakaln, massian, mökn (melken), orian (-rühren)

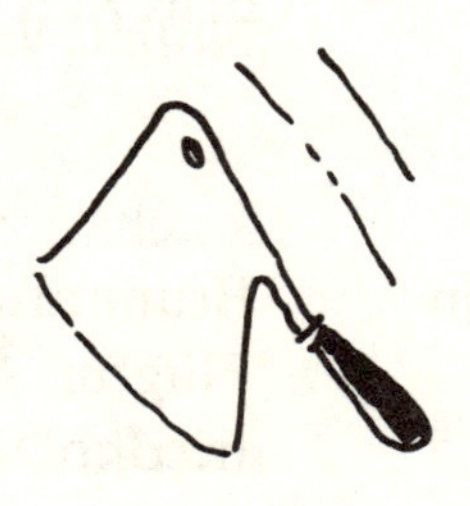

P

Parasit	Waunzn
Penner	Sandla, Kanäurozz, Mistküblstiara
Pfarrer	Pfoff
Pickel	Wimmal
Pisse	Brunzlad
pissen	soachn, pischn
Polizei	die Heh, die Schmier

Polizist	Kiwara, Mistelbocher, Krautwochter (Gendarm)
Popel	Rauml »Des kost an Nosn-rauml.« (=billig)
Preußen	Piefke (=alle Deutschen)
Prolet	Hakla, Dodlhakla

prüde	gschrekt

Puff	Bloshittn, Voglhaus, Reitschui (-schule), Schluf
Puffmutter	Kowarin

R

Ratte	Rozz »Heislrozz zu Heislkozz, ollas auf sein rechten Blozz.«
Rothaariger	Rostiga

Rotz	Rotzglekal
Laß mich in Ruhe!	»Los mi in Kraud!«

S

Sackgesicht	Eiergsicht, Oaschgsicht
saufen	tschechan, blosn, pledan, pippaln, bepperln, oweschwabn, schledern
Säufer	Tschecharant

scharfmachen	aufgamsen, ogeiln
Schamhaare	Biaschtn, Modrozzn, Boad (Bart), Buschn, Brunzbuschn ☠
Schamlippen	Futlappaln ☠, Fligln (Flügel) »Aus da Großmuada ire Futlappaln moch ma en Rudi zwa neiche (neue) Spuatkappaln (Sportkäppchen).« ☠
Scheiße	Scheißkropfn »Jez haum ma es Gschissane auswendig!« (Eine schlimme Situation ist eingestroffen)

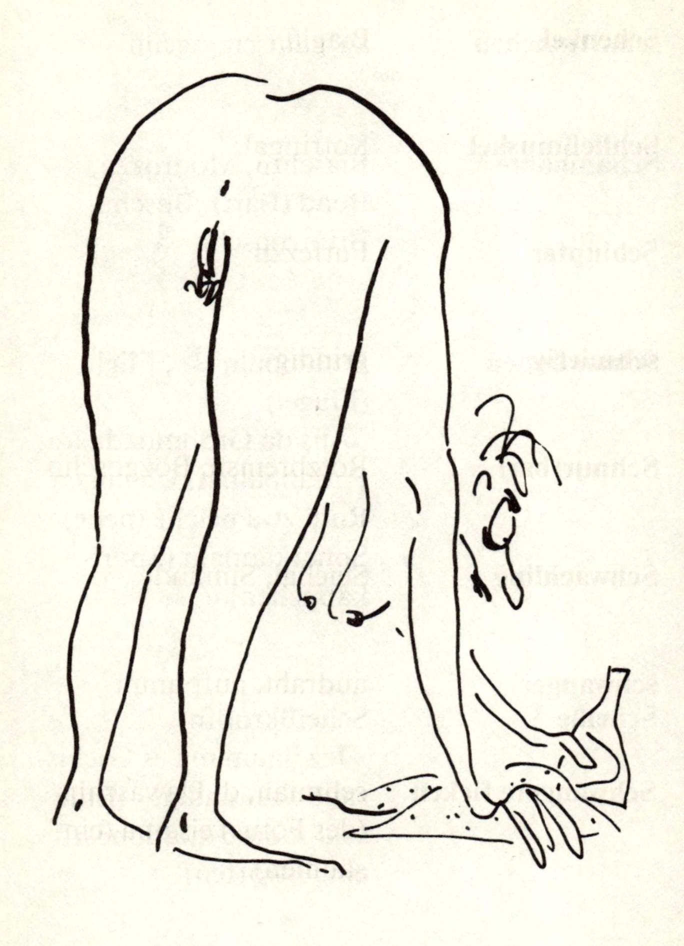

Schenkel	Biagln
Schließmuskel	Kotringal
Schlüpfer	Futfezzn
schmierig	grindig
Schnurrbart	Rotzbremsn, Bözgoschn
Schwächling	Seichal, Simandl
schwanger	audraht, aufpumpt
Schwangere ficken	schmian, d' Uawaschln (des Fötus) eisama (einsäumen)

schwängern audraan (ein Kind andrehen), an Gschroppn (Kind) baun, anbödsn

Schwanz	Beil, Beidl, Roa, Pfeiffn, Nudl, Spotz, Boara (Bohrer), Kegl, Gschpaß-wiaschtl (-würstl)
Schwanzlutscher	Blosa, Sauga ☠
Schwanzlutscherin	Bananaschlikkarin ☠
Schwätzer	»Dem gehd de Goschn wia gschmiad!«
Schwein	Dregantn (Dreckente)

schwitzen	»Mia rinnt es Wossa iwan Oasch owe!«
schwul	woam, bochn, g'hazt
Schwuler	Woama, Bochana (Gebackener), G'hazta, Heidlbär, Dura und Loassa (Der eine tut, der andere läßt)

senil Schneebrunza

Sommersprossiger »Dea schaut aus ois hedn ’s eam duach a Seichal (Sieb) augschissn!« ☠

Spanner Schmira, Spechtla

Speckfotze Fleischfut ☠ ☠

Speichel Spugaling

Sperma Tschuri, koida Baua, Mogamüch (Magermilch), Blauwossa, Raam (Rahm), Eiakognak

spucken schlazzn

Ständer Roa, Steifa, Rean

Stöße (sex.)	Daucha (Taucher)
stinken	fäun, miachtln, hundeln, kasln (Füße), fischln ☠ (Fut, Beidl) »Dea fäut wira Bodhua (Badhure)!«
Süßling	Siasla

T

Tampon	Futraketn
Tittenfick	Armaturhobla, Balkonfoad (-fahrt)

Tod	Gwi Gwi, Banana
töten	hamdraahn, omaxln »Den druck i aus wira Wimmal (Pickel)!« ☠

tot	hii »Dea riat kaa Uawaschl« (rührt keine Ohrmuschel)
Trottel	Koffa
Typ	Habara

U

Unterhose Untergatte, Gattehosn

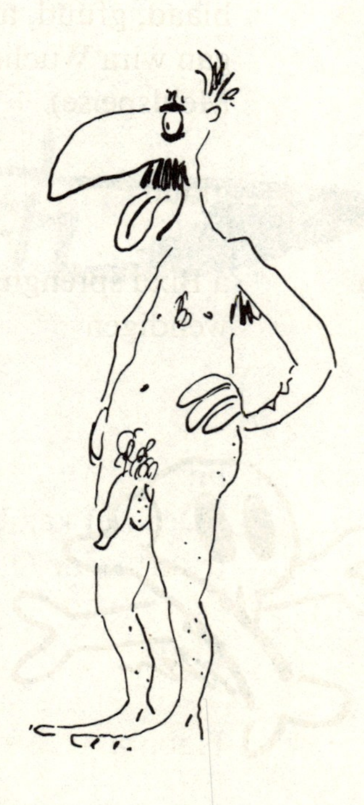

V

verblödet	audeppad (angeschlagen)
verfettet	blaad, gfüüd, aufgaungan wira Wuchtl (böhm. Mehlspeise)
verfault	gfäud
vergewaltigen	a Bixu sprengn, vergenotwendigen

verprügeln

soizzn (salzen), aum Schedl haun, blunziern ☠ ☠ (verblutwursten), auplattln, faschiern ☠
»I reiß da'n Schedl ob und schmeiß da'n ins Gsicht!«
»Reiß eam die Eier ob, is eh net dei Vota (Vater)!«

verrecken

a Bangl (Bänkchen) reissn, ummesteh, es Bschteck ogem, de Bodschn (Patschen) strekn, okrozzn, si dastessn

Verreck!

»Krozz o!« ☠
»Hau di in 'd Kistn!«

versaut	vaschissn
Vibrator	Gaudemichl
vollquatschen	austrudln
Vorhaut	Reeheidl (Rehhaut), Hubertusmantel, Eiaheidl

W

weinen rean

Wichser Schwatla

Z

Zechpreller	Blitza
Zigarette	Schpee, Beitschlreissa (starke Zigarette), Tschik (Kippe)
zornig	»Mia geht's Gimpfte (Impfnarben) auf!«
Zuhälter	Strizzi, Beischalbua (Peitschenbub), Gramml-dreiwa (-treiber)
Zunge	Schleka

Wir unterbrechen das Wörterbuch für eine wichtige Information:

Selbstverständlich schmäht der Wiener, neben Gott und der Welt, auch Ausländer und Berufstätige. Wie wenig er von diesen hält, ergibt sich vor allem daraus, daß er sich nicht einmal die Mühe macht, spezielle Schmutzwörter für sie zu ersinnen. Abgesehen vom Tschechen (Ziegelbehm), vom Kroaten (Krawot) und vom Deutschen (Piefke) heißt der Ausländer, insbesondere der südöstliche, Tschusch. Ansonsten erfolgen die Beleidigungen durch einfaches Anfügen der üblichen Standardferkeleien: etwa Scheiß-Ami, Oasch-Holländer, bzw. verwichster Fleischer, Schuster, etc. Je nach Atemvolumen kann es auch zu längeren Kombinationen kommen: stikada Scheiß-Oasch-Fut-Beidl-Apotheker, -Schweizer oder Kineser. (A.F.)

Futna

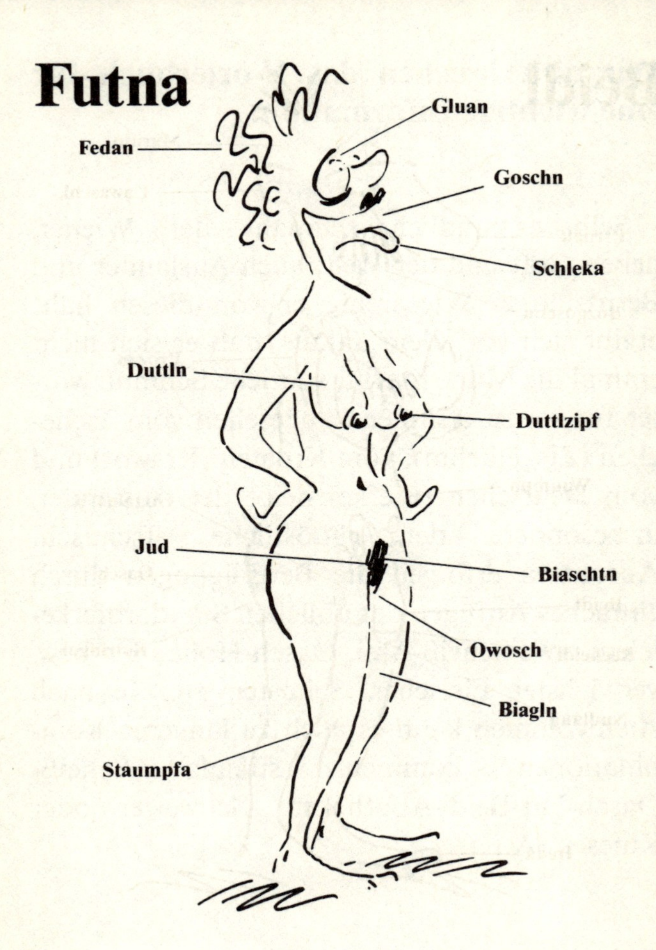
Gluan
Fedan
Goschn
Schleka
Duttln
Duttlzipf
Jud
Biaschtn
Owosch
Biagln
Staumpfa

Beidl

Marüln

Uawaschl

Pfrnak

Bözgoschn

Prozzn

Waumpn

Gogaln

Oasch

Beidl

Reeheidl

Kotringal

Nudlaug

Treda

Schmutzige Wörter

Schwäbisch – Deutsch

Schmutzige Wörter

Ruhrpott – Deutsch

ichborn

JAVAANSE JONGENS